살아있는 과학

개미들의 뽀뽀

권태문 지음 / 윤승호 그림

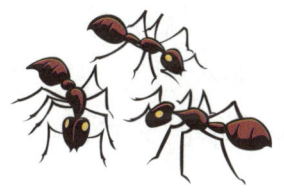

도서출판 **글사랑**

머 리 말

우리 둘레에는 신비스러운 것이 너무나 많이 있습니다. 이를테면 동물, 식물, 광물 그 밖의 자연들은 이러한 신비스러움으로 꽉 차 있습니다.

하지만 정작 이런 것들은 지나쳐 버리기 일쑤입니다. 조금만 관심을 가지고 살펴봐도 우리가 보지 못했거나 알지 못했던 경이로운 사실이 하나씩 그 모습을 드러내고 있습니다.

따라서 우리 둘레에 있는 모든 사물들을 눈여겨 보고 살피는 것이 바로 과학하는 첫걸음이고, 올바른 마음가짐이며, 올바른 자세입니다.

과학은 이런 대수롭지 아니한 데서부터 출발되기 때문에 우리는 신비를 벗기고 그 원리들을 찾아내어 보는 노력을 아끼지 않아야 되겠습니다.

이 책은 과학의 신묘한 비밀을 아주 알기 쉽도록 이야기로 엮었습니다. 다시 말하면 특히 **초등학교 1학년**에서부터 6학년 자연 교과서의 단원에

맞추어 이야기를 엮었기 때문에 내용이 더욱 알찹니다. 이 글을 읽으면 재미를 느끼고, 우리 둘레의 자연 현상이나 동식물 등에 대해 더욱 흥미를 느낄 것입니다.

그뿐만 아닙니다. 지금까지 몰랐던 새롭고 놀라운 사실을 발견하게 될 것입니다. 또 어려운 문제에 부딪쳤을 때, 그 어려움을 이겨나가는 탐구하는 지혜도 함께 얻을 수 있습니다.

끝으로 이 책이 어린이 여러분의 과학자로서의 꿈을 키워주는 길잡이 역할이 되기를 바랍니다.

기초과학문고

차 례

반달 손톱 * 7
개미들의 뽀뽀 * 18
걸어다니는 물고기 * 28
유리 조각을 먹는 닭 * 39

메아리가 사는 곳 * 48
방아 찧는 메뚜기 * 60
그물을 짜는 거미 * 72
춤으로 말하는 꿀벌 * 84

냇가의 비행사와 잠수부 * 94

물에서 떠났다가 되돌아오는 곤충 * 105

밤의 천국 * 117

칠석날의 눈물 * 126

나그네의 길잡이별 * 135

아침 안개는 맑은 날씨 * 143

이웃 사촌 * 158

숲 속의 가수들 * 162

모기의 독침 * 169

우리들의 자람

반달 손톱

"달봉아, 손톱 좀 보자."
누나가 달봉이에게 말했습니다.
"손톱은 무엇 때문에 보자는 거야."
달봉이가 싫다고 했습니다.
"중요한 일이야. 빨리 손톱 좀 보여 줘."
4학년에 다니는 누나가 자꾸 졸랐습니다.

"싫어, 내 손톱에 뭐가 묻었어?"
"그게 아니고."
"그럼 뭐야?"
"아주 중요한 거야. 달봉이가 건강한가 아니면 어디 아픈 데 있나 살펴보려고 그래."
달봉이가 입을 비쭉 내밀었습니다.

"누나가 의사야, 의사? 엉터리 의사일 텐데 뭘."

달봉이는 손을 뒤로 감추었습니다.

"돌팔이 의사도 가끔 병을 고치는 수가 있단다. 속는 셈 치고 한 번 손을 보여 주렴."

옆에서 듣고 계시던 할머니께서 달봉이에게 말씀하셨습니다.

"싫어요."

"누나가 부탁하는데 좀 들어 주렴. 어쩌면 정말로 어디 아픈지도 모르잖아."

할머니의 이 말씀에 달봉이는 겁이 났는지 슬그머니 손을 내밀었습니다.

누나는 달봉이의 손톱을 요리조리 살폈습니다.

"이상한데?"

누나는 고개를 갸웃거리더니 달봉이를 바라보았습니다.

"뭐가 이상하단 말이야."

달봉이는 화가 난 듯 퉁명스럽게 말을 내뱉었습니다.

"달봉이 건강이……?"

"돌팔이 의사가 생사람 잡는다더니 아서라. 엉터리 진찰 그만두렴. 달봉이 건강이 어떻다는 거냐."

어머니께서 눈을 흘기시면서 누나를 꾸짖었습니다.

"엄마, 달봉이의 손톱에 손톱 반달이 안 보여요. 손톱에 주름도 있고."

"쓸데없는 소리 그만두라니까, 우리 달봉이만큼만 건강하라고 해라."

할머니께서도 누나의 말을 곧이들으려 하지 않으셨습니다.

"어제 선생님께서 말씀하시기를 손톱을 보면 그 사람의 건강을 안다고 하셨어요."

누나가 어머니를 보며 말했습니다.
"그래서 달봉이의 손톱을 보자고 한 거야?"
누나는 어머니의 물음에 고개를 끄덕였습니다.
"손톱에 손톱 반달이 없으면 건강이 좋지 않다는 증거래요."
"어디 내가 한 번 보자."

마침 방에서 나오신 아버지께서 달봉이의 손톱을 살피셨습니다. 누나 말대로 달봉이의 손톱에 손톱 반달이 잘 보이지 않았습니다.

"달봉아. 너, 요사이 밥을 잘 안 먹더니, 병원에 한 번 가 봐야겠다. 내 생각엔 별일은 없어 보인다마는 미리 진찰을 받아 보는 것도 괜찮지."

아버지께서는 달봉이의 등을 가볍게 두드리시며 안심시켰습니다.

"손바닥의 살갗 색깔과 손톱의 색깔을 보면 그 사람이 건강한지 아니면 몸에 이상이 있는지를 알 수 있단다. 그러나 모두가 다 그런 건 아니란다. 너무 걱정하지 말아라."

아버지께서는 손톱의 이모저모에 대해 설명을 계속하셨습니다.

손톱은 매일 조금씩 규칙적으로 자랍니

다. 그러나 때로는 불규칙하게 자라거나 찌그러지며 자랄 때도 있습니다.

때로는 손톱에 주름이 잡히기도 합니다. 또 손톱 반달이 전혀 보이지 않을 때도 있습니다.

"손톱이 자라는 것이 느리다거나, 혹은 불규칙하다면 그것은 살갗이 손톱을 만들어 가는 힘이 약하다는 뜻이란다."

"아빠 말씀이 옳아요."

누나가 한 마디 거들었습니다.

"누난 엉터리야. 내가 어디가 아프다고 그래."

달봉이가 성이 나서 고함을 쳤습니다.

"그럼. 달봉이는 건강해. 아버지 말 잘 들어 봐. 갓난아기의 손톱을 보면 전부 붙어 있고, 또 손톱이 자라는 것과 동시에 덮고 있는 껍질도 자란단다. 따라서 손톱 반달은 잘 보이지 않지만 제일 건

강한 모습이라고 볼 수 있단다."
아버지께서는 말을 끝내시고 달봉이를 번쩍 들어올리셨습니다.

"달봉아, 걱정할 것 없다. 우리 달봉이에게 영양이 듬뿍 들어 있는 음식을 주어야겠다."

아버지께서는 달봉이의 볼에다 뽀뽀를 하시며 어머니를 향해 말씀하셨습니다.

"여보, 오늘 저녁은 우리 달봉이를 위해서 불고기 파티나 합시다."

어머니도 웃으시면서 고개를 끄덕이셨습니다.

"손님 덕에 쌀밥이라더니, 우리 달봉이 덕택에 쇠고기를 실컷 먹게 생겼구나."

할머니께서도 좋으신지 빙그레 웃으셨습니다.

"그럼 나도 쇠고기 맛 좀 보게 되었네."

건넌방에 계시던 할아버지께서도 한 마디 하셨습니다.

"야! 신난다. 불고기 파티."

달봉이가 좋아서 깡충깡충 뛰었습니다.

자람—살아 있는 것

개미들의 뽀뽀

"선생님, 개미가 뽀뽀하네요."
달봉이가 호들갑을 떨면서 말했습니다.
길 가던 개미가 더듬이를 맞대고 이상한 행동을 했습니다.
"뽀뽀하는 게 아니고 음식을 나누어 먹는 거야."
"음식을 나누어 먹는다고요?"
"그럼."

"야! 그거 아주 재미있네요."
달봉이는 개미의 모습을 자세히 살폈습니다.
"개미의 뱃속에는 먹은 음식을 넣어 두는 주머니가 있단다. 배고픈 개미가 더듬이로 다른 개미를 두들기면 뱃속의 주머니에 넣어 두었던 음식물을 꺼내서 입으로 먹여 주지."
달봉이는 호기심이 생겼습니다.
"선생님, 그러면 이 개미들은 뱃속의 음식물을 꺼내 배고픈 개미에게 주려고 그러는 거군요."
"그럴지도 모르지. 개미는 일을 하다가 배가 고파지면 길에서 만난 친구 개미에게 먹이를 얻어먹고 기운을 내어 또다시 부지런히 일을 한단다."
선생님이 자세히 설명하여 주셨습니다.
"선생님, 개미는 배가 고파도 걱정할 필

요가 없겠어요. 아무 개미한테든지 부탁하면 되니까요."

달봉이는 도시락을 먹고 남은 멸치 반찬 찌꺼기를 교실 앞 꽃밭에 놓아 보았습니다. 얼마 지나지 않아 개미들이 몰려왔습니다.

"선생님, 개미가 떼로 몰려오네요."

개미들은 한꺼번에 모여들어 멸치 조각을 끌고가기 시작했습니다.

"멸치 조각을 발견한 개미가 전해 줘서 몰려온 거란다."

"먹이가 있다고 전달했는가 보죠?"

"그럼, 개미는 먹이를 발견하면 집에 부리나케 돌아가서 많은 개미들을 데리고 온단다."

"선생님, 먹이가 있다고 다른 개미들에게 어떻게 말해요?"

"그게 궁금하지?"

"네."

"먹이를 발견한 개미는 집에 돌아가서 다른 개미의 가슴과 배를 더듬이로 때린단다."

"좋은 먹이가 있다고 그러는 모양이지요?"

"그렇단다. 그렇게 하면 다른 개미들은 먹이가 있는 곳으로 따라간단다. 또 아주 큰 먹이를 발견하면 큰 턱을 벌리고 서서 배를 높이 들고 아주 분주하게 다닌단다."

달봉이는 멸치 조각을 물고 가는 개미들의 모습을 재미있게 바라보았습니다.

"달봉아! 개미 얘기 더 해 줄까?"

"네."

"아주 재미있는 개미도 있단다. 노예를 부리는 개미가 있단다."

"개미가 노예를 부려요?"

"그렇단다. 노예사냥개미는 다른 개미 집을 빙 둘러싸서 공격을 한단다. 그러면 그 안에 있던 개미들은 견디다 못해 항복을 하고 나온단다. 개미들이 항복하고 나면 노예사냥개미는 그 집을 몽땅 휩쓸어서 알과 어린 애벌레를 가져다가 키워서 노예로 삼는단다."

"그 노예사냥개미는 머리가 참 좋네요."

"덮어놓고 노예 사냥을 하는 건 아니란다. 일할 양만큼 노예를 사냥하지. 가축을 기르는 개미도 있단다."

"선생님. 개미가 가축을 어떻게 길러요?"

"달봉아, 여기를 봐라."

선생님은 달봉이의 손목을 끌고 오이 덩굴이 있는 곳으로 가셨습니다.

"선생님, 개미가 부지런히 오르내리네요."

개미가 오이 줄기를 열심히 오르내리고 있었습니다.
"진딧물이 보이지?"
"네."

나뭇잎 줄기에 붙은 진딧물

진딧물의 배에서 나오는 단물을 빨아먹는 개미

"이 진딧물이 개미의 가축이란다. 개미는 진딧물이 내는 달콤한 물을 좋아하거든. 개미가 부드럽게 진딧물을 때리면 진딧물은 달콤한 물을 낸단다. 그러면 개미는 이 달콤한 물을 좋아서 받아 먹지."

"개미가 진딧물을 잡아먹는 게 아니군요."

"그럼. 오히려 개미가 진딧물을 보호해 주는 셈이지. 진딧물이 양분을 빨아먹을 것이 없으면 입으로 물어서 다른 데로 옮겨 놔 주거든. 그뿐이 아니야. 개미는 진딧물이 사는 둘레에 진흙과 나뭇잎 등으로 울타리를 만들어 주어 다른 곤충들이 공격하는 것을 막아 준단다."

"선생님, 진딧물은 개미가 기르는 젖소라고 할 수 있겠네요."

선생님은 달봉이의 말에 고개를 끄덕이셨습니다.

"그뿐인 줄 아니? 추운 겨울이 되면 개미는 진딧물의 알을 저희들 집에 가져다 놓아 추운 겨울을 따뜻이 지내도록 한단다. 이 진딧물의 알을 개미들은 자기들의 알을 돌보듯 한단다. 이것 말고 또 거지개미도 있지."
"먹이를 얻어먹는 개미 말인가요?"
"그래. 이 거지개미는 다른 개미집에 들어가 찌꺼기를 얻어먹는단다."
"선생님 참 게으른 개미도 있군요. 개미는 다 부지런한 줄 알았는데."

달봉이는 신기한 걸 발견한 듯 눈을 반짝였습니다.

동물의 자람

걸어다니는 물고기

    달봉이는 여의도 '63빌딩' 수족관에 구경을 갔습니다. 물고기가 들어 있는 수족관은 굉장히 컸습니다. 어항만 보던 달봉이의 눈이 놀라 둥그래질 수밖에 없었습니다.

    물고기들은 지느러미를 흔들며 멋지게 헤엄을 치고 있었습니다. 함께 들어가 헤엄을 치고 싶었습니다.

"달봉아! 너, 걸어다니는 물고기가 있다는 거 모르지?"
대학에 다니는 삼촌이 말했습니다.
"삼촌도 거짓말을 다 하시네요. 물고기는 물에서 나오면 모두 다 죽잖아요."

수족관에서 고기들을 관찰합니다.

달봉이가 제법 아는 척하였습니다.
"정말이야. 이 삼촌이 거짓말하는 것 봤어. 사람이나 짐승만 걸어다니는 줄 알면 무식하다는 소리 듣는다."
"정말?"
"그럼. '성대'라는 물고기가 있는데, 걸어다니는 고기 중에 으뜸이라고 할 수 있지."
성대라는 물고기는 몸길이가 40센티미터이고, 등은 붉은 빛이 감도는 회색입니다.
"성대는 가슴지느러미를 이용하여 물 속에서 걷는단다. 이 가슴지느러미가 사람의 발 구실을 하지."
삼촌은 커다란 물고기의 가슴지느러미를 가리키며 말했습니다.
성대는 다리처럼 생긴 지느러미로 먹이를 잡기도 하고 걷기도 한답니다. 위험할 때는 모래를 끼얹기도 한답니다.

"또 없어요? 걸어다니는 물고기가?"

"있지. 달강어라는 물고기인데, 성대보다 10센티미터 작은 30센티미터 정도란다. 이 달강어는 눈이 개구리 눈처럼 생긴 것이 참 재미있단다. 달강어도 성대처럼 가슴지느러미를 이용해 바다 밑을 걷는단다."

"삼촌, 물고기가 헤엄을 치는 것이 더 편할 텐데 왜 걸어다닐까요?"

"그거야 이 물고기들의 먹이가 바다 밑을 기어다니고 있기 때문이지. 그래서 걸으면서 먹이를 잡는 거야."

"그러면 헤엄치는 물고기의 먹이는 헤엄치는 것들이겠네요?"

"그럼."

달봉이는 삼촌의 말에 고개를 끄덕이며 웃었습니다.

망둥이

"달봉아, 그런데 땅 위에서 걷는 물고기도 있단다. 말뚝망둥이라는 물고기인데 우리 나라의 남해안 개펄에 살고 있지."
"땅 위로 걸어다닌단 말이지요. 어떻게 생겼기에 그래요?"

"몸길이가 1.4센티미터 되는 작은 물고기야. 봄부터 가을까지 개펄을 돌아다니며 새우, 갯지렁이를 잡아먹는단다. 눈은 머리에서 툭 튀어나왔고, 두 눈이 서로 가까이 붙어 있기 때문에 눈을 자

개펄에서 노는 새우

유로이 움직여 먹이를 찾지."

말뚝망둥이는 가슴지느러미가 개구리의 앞다리처럼 잘 발달되어 있어서 개펄을 걷거나 뛰어다닌다고 합니다. 아프리카, 아시아에 사는 말뚝망둥이는 한 번 뛸 때 나아가는 거리가 1센티미터라고 합니다. 1시간에 무려 3킬로미터 정도 뛰어간다니 그 실력이 대단하지요. 또 높이뛰기도 잘 한답니다. 꼬리를 바닥에 밀어붙였다가 용수철처럼 펄쩍 뛰어오르는데 그 높이가 1미터나 된답니다. 높이뛰기선수이기도 합니다.

말뚝망둥이는 숨을 쉬는 폐가 없습니다. 그런데 어떻게 땅 위에서 오래 지낼 수 있을까요?

대부분의 물고기는 땅 위에서는 오래 견디지 못하고 몇 분이면 죽고 맙니다. 그런데도 말뚝망둥이는 공기를 마시며 오래 견

는답니다. 그런데 보통 물고기는 물에 녹아 있는 산소를 아가미로 들이마십니다.

 말뚝망둥이는 입 안쪽에 물주머니가 있습니다. 이 주머니는 물을 저장하는 물탱크라고 할 수 있지요. 이 물주머니에 있는 물을 아가미에 적시면서 말뚝망둥어는 땅 위에서도 물 속에서와 같이 걷는 것이지요. 참 신기한 일이지요.

 삼촌은 수족관 속의 아름다운 물고기들을 바라보면서 물고기 이야기를 계속했습니다.

 "나무에 기어올라가는 물고기도 있단다."

 "삼촌, 그러면 나무다람쥐물고기란 말이지요?"

 "그렇지. 말레이 반도란 곳에 사는 클라밍퍼치라는 물고기인데, 나무에 잘 기어오른단다."

"삼촌, 손도 없고 발도 없는데 어떻게 나무에 오르지요?"

"이 물고기는 아가미의 덮개 끝에 있는 가시를 이용해 맹그로브나무에 곧잘 오른단다."

이 물고기는 나무에 올라가 휴식을 취한답니다.

"망둥이란 물고기도 나무에 기어오르데는 선수란다. 호숫가나 버드나무 같은 곳에 올라가서 가만히 숨 죽이고 있다가 곤충이 날아오면 재빨리 잡아먹지."

"삼촌! 그럼 망둥이는 곤충을 잡아먹기 위해 나무에 오르는 모양이지요?"

삼촌은 고개를 끄덕였습니다.

"그뿐인 줄 아니? 비행기처럼 공중을 날쌔게 날아다니는 물고기도 있다."

"삼촌 그게 뭔데요?"

"날치란 물고기야. 물 위 3미터 높이까지 떠올라서 대략 400미터 정도까지 날아간단다. 달봉아, 자세한 이야기는 다음에 들려 줄게."

달봉이와 삼촌은 수족관 속의 아름다운 물고기들을 황홀한 듯 한참이나 바라보았습니다.

비행하는 날치

동물의 먹이

유리 조각을 먹는 닭

"외할아버지, 닭이 유리 조각을 쪼아먹어요!"
달봉이가 마당에서 소리쳤습니다.
"그걸 먹어야 소화가 잘 된단다."
방문을 열고 할아버지께서 말씀하셨습니다. 달봉이는 일요일이 되면 어머니와 함께 시골 외갓집에 곧잘 갑니다.
"밥통이 유리 조각에 찔릴 텐데요?"

달봉이는 궁금했습니다. 할아버지께서 밖으로 나오시더니 닭장 안에 있는 암탉 한 마리를 붙잡아 오셨습니다.

"달봉아! 여기를 만져 봐."

외할아버지께서 닭의 목을 만져 보게 하셨습니다.

"어떠니? 오톨도톨한 게 만져지지?"
"네."
"닭은 이가 없단다."
외할아버지께서는 닭의 입을 벌려 보여 주셨습니다. 입 속엔 정말 이가 없었습니다.

"닭은 모이를 어떻게 씹어먹어요, 할아버지?"

"이가 없는데 어떻게 씹어먹니? 쌀이나 보리 알갱이 같은 모이는 그냥 통째로 삼켜 버리는 거지."

"그래도 소화가 잘 될까요?"

"그거야 물론 잘 안 되지. 벌레나 채소 이파리 같은 것은 무르니까 관계 없지만 쌀알이나 보리알 같은 낟알은 매우 단단하니까 소화가 잘 될 리 없지."

"외할아버지, 그럼 닭은 어떻게 소화해요?"

"여길 만져 봐라. 이게 바로 모래주머니란 거다. 네가 지금 만져 본 것처럼 닭의 뱃속에는 매우 튼튼하고 질긴 모래주머니가 있단다. 이 모래주머니에 닭이 쪼아먹은 유리 조각이나 사금파리가 들어가서 쌀이나 보리 알갱이의 낟알을 잘

게 부순단다. 이 모래주머니에서 잘게 부서진 모이는 다른 밥통으로 보내져 양분이 되지. 모래주머니는 매우 튼튼하고 질겨서 유리 조각 때문에 상하는 일은 없단다."
"아, 알겠어요."
"뭘 알았다는 거냐?"
"유리 조각이 바로 이가 되는 게 아니겠어요?"
"아이고! 우리 달봉이가 이제 보니 머리가 아주 좋구나."
외할아버지께서 칭찬해 주셨습니다.
"외할아버지."
"왜 또 그러니?"
"저길 보세요. 닭이 물을 먹는데요. 물을 먹고 나서 왜 고개를 들어 하늘을 쳐다볼까요?"
"닭은 목이 긴데 삼키는 힘이 없기 때문

에 그런단다. 그래서 물을 먹을 때는 물을 입에 넣고 고개를 들어 물이 저절로 목구멍으로 내려가도록 하기 위해서 하늘을 쳐다보는 거야."

달봉이는 무엇인가 궁금한 것이 또 있는지 입술을 들먹거렸습니다.
"또, 뭐가 궁금하니?"
외할아버지께서 달봉이를 물끄러미 바라보며 물으셨습니다.
"닭 말고 물을 먹을 때 고개를 뒤로 젖히고 먹는 것이 또 있나요?"
"있지, 참새도 그렇고……."
그 때, 참새 한 마리가 지붕 위로 날아왔습니다.
"외할아버지, 닭은 참새처럼 왜 잘 날아다니지 못해요?"
"닭도 아주 오랜 옛날에는 새처럼 잘 날아다녔단다."
"그런데 왜 지금은 잘 날지 못하지요?"
"사람이 닭을 집에서 기르기 시작하면서부터 그렇게 된 거란다. 날아다닐 필요가 없게 된 거지. 구태여 모이를 찾아

돌아다니지 않아도 집에서 모이를 주니까. 그래서 닭은 날개의 힘살이 차차 약해져서 잘 날지 못하게 된 거란다 알겠니?"

달봉이는 할아버지의 이야기를 재미있게 들었습니다.

소리-소리 전하기

메아리가 사는 곳

지난 일요일, 달봉이는 아버지를 따라 가까운 산에 갔습니다. 이름 모를 산새들이 이 나무, 저 나무에서 지저귀고 있었습

니다. 지저귀는 새 소리가 퍽 아름다웠습니다. 달봉이는 바위에 올라섰습니다. 아버지께서도 달봉이를 따라 바위 위를 올라오셨습니다. 달봉이는 이마에 송글송글 솟은 땀을 씻으며 숨을 크게 들이마셨습니다.

"야호!"
아버지께서 고함을 크게 지르셨습니다.
"야호!"
조금 있다가 저쪽에서 아버지의 목소리와 똑같은 고함 소리가 들려 왔습니다.
"아빠!"
"왜?"
"저쪽 산에 누가 있어요?"
"글쎄."
아버지는 달봉이를 바라보았습니다.
"누군가가 아빠의 목소리를 흉내내고 있어요."
달봉이는 무언가 못마땅한 듯했습니다.
"누가 아빠 흉내를 내지? 혼 좀 내 줘야겠는데."
아버지께서는 싱글벙글 웃으셨습니다.
"아빠!"
"왜 또 그러니?"

"다시 한 번 '야호' 해 보세요."
"그건 왜?"
"누가 아빠를 흉내내는가 보려고요."
"아빠의 흉내를 낸다면……."
"가서 혼 좀 내 줘야지요."
"달봉아, 저쪽 산이 얼마나 먼지 알기나 하니?"
"아빠, 자꾸 그러지 마시고 '야호'해 보세요."

달봉이는 아빠의 옷자락을 잡아 흔들며 졸랐습니다.

아버지께서는 마지못해 고함을 치셨습니다.

"야호!"

조금 있다가 저쪽 산에서 아버지의 고함을 흉내내는 소리가 또다시 들려 왔습니다.

"웬 놈이야!"

달봉이가 앙칼지게 고함을 쳤습니다.
"웬 놈이야?"
이번에는 달봉이의 고함 소리를 흉내낸 소리가 저쪽에서 들려 왔습니다.
"아빠, 저 흉내내는 사람이 누구예요?"
아버지는 싱긋 웃기만 하셨습니다.

"아빠, 속상해요. 어서 가르쳐 주세요."
아버지께서 천천히 입을 열어 설명해 주셨습니다.
"메아리란다."
"메아리라고요?"
"그래."
"그럼 성이 '메'이고 이름이 '아리'라는 거예요?"
"글쎄."
"메아리라고 했잖아요."
"성이 뭔지는 잘 모르고 그저 '메아리'라고 한단다."
"메아리야. 거기서 흉내내지 말고 이리 와 봐."
달봉이가 저쪽 산을 향해 크게 소리쳤습니다.
"메아리야, 거기서 흉내 내지 말고 이리 와 봐."

또 흉내 소리가 되돌아왔습니다.
"하하하……."
아버지께서 소리내어 웃으셨습니다.
"아빠, 왜 웃으세요?"
달봉이의 입이 돼지 입처럼 앞으로 비쭉 나왔습니다.
"메아리는 저쪽 산에 있는 게 아니고 바로 여기에 있단다."
"여기에 있다고요?"
"그럼."
"여기엔 아빠와 나 둘뿐인데요?"
"그래. 메아리는 아빠도 되고 달봉이도 되는 거란다."
"네?"
달봉이는 눈이 휘둥그래졌습니다.
"여기서 소리치는 말이 저쪽 산에 부딪혀 되돌아오는 소리란다. 자, 다시 한번 소리쳐 볼래."

"야호!"

달봉이가 소리쳐 보았습니다. 이내 메아리가 되돌아왔습니다.

"저쪽 산에 누가 있는 게 아니고 여기서

소리치는 소리가 그대로 되돌아오는 거지. 이걸 산울림, 또는 메아리라고 한단다."

아버지는 소리에 대해 좀더 자세히 설명해 주셨습니다.

"소리도 물결처럼 점점 퍼져 간단다. 물 위에 돌을 던지면 물결이 생기는 걸 봤지?"

"네."

"소리도 물결처럼 퍼져 나가다 저쪽 산에 부딪히면 더 나아가지 못하고 되돌아오는 거야."

"물결은 퍼져 나가는 것이 눈에 똑똑히 보이잖아요. 그런데 왜 소리는 퍼져 나가는 것이 안 보이지?"

"소리는 우리 눈에 보이지 않지만 공기 속을 퍼져 나가 우리 귀에 들리지. 달봉아, 귀를 한 번 막아 보렴."

달봉이는 아버지가 시키는 대로 귀를 막았습니다.

"야호!"

아버지께서 고함을 치셨습니다. 달봉이는 한참 후에 귀를 열었습니다.
"메아리가 들리더냐?"
달봉이는 고개를 흔들었습니다.
"귀가 없으면 메아리를 들을 수 없지. 우리가 소리를 들을 수 있는 귀를 가지고 있으니 얼마나 다행이냐?"
달봉이는 '야호' 하고 다시 크게 소리쳤습니다. 곧이어 메아리도 '야호' 하고 대답해 주었습니다.

풀밭에 사는 동물

방아 찧는 메뚜기

풀밭은 곤충들의 뜀뛰기 대회장입니다. 그냥 풀밭을 지나쳐 버리면 아무것도 아닌데 자세히 살펴보면 곤충들의 뜀뛰기장입니다.

달봉이는 외갓집 외사촌들과 함께 풀밭으로 곤충 채집을 갔습니다. 마을 뒷산에는 넓은 풀밭이 있습니다. 햇볕이 쨍쨍 내리쬤습니다. 아이들은 땀을 뻘뻘 흘리며

방아깨비

메뚜기

포충망을 휘둘렀습니다.

호영이는 포충망에 걸린 곤충들을 하나하나 채집통에 넣었습니다.

아이들이 풀밭으로 뛰어다니며 포충망을 휘두르자 곤충들은 팔딱팔딱 뛰며 달아나기에 바빴습니다.

그 때, 외사촌 누나가 올라왔습니다.

"많이 잡았니? 어디 보자."

누나는 올해 고등 학교 2학년입니다. 누나는 달봉이들을 참나무 그늘 아래로 데리고 갔습니다.

"와! 많이 잡았구나."

누나가 달봉이의 채집통을 들여다보며 말했습니다.

달봉이의 채집통에는 메뚜기들이 수두룩했습니다. 다른 아이들의 통에도 메뚜기들이 많았습니다. 그 통 안에는 방아깨비들도 있었습니다.

누나는 방아깨비 암컷을 꺼내 뒷다리를 잡았습니다. 방아깨비가 디딜방아를 찧는 것처럼 머리를 끄덕끄덕했습니다.
"나를 보고 절을 한다."
달봉이가 좋아라 소리쳤습니다.
누나는 또 다른 한 손에 메뚜기를 잡았습니다.
"달봉아, 뜀뛰기를 제일 잘 하는 곤충이 무엇인지 아니?"
"글쎄?"
달봉이는 고개를 갸웃거렸습니다.
"이 메뚜기가 뜀뛰기를 제일 잘 한단다. 메뚜기는 자기 몸길이의 10배나 되는 거리를 뛴다니까. 사람으로 치면 축구 경기장을 세로로 3단뛰기하는 거와 같단다."
메뚜기의 뒷다리는 아주 길었습니다.
"누나, 이 메뚜기는 몸길이가 얼마나

돼?"
"수컷은 54밀리미터, 암컷은 89밀리미터란다."
"어, 수컷이 더 작네."

"메뚜기의 수컷은 암컷보다 훨씬 작단다. 여기 이걸 봐. 이 작은 것이 수컷이고 바로 이게 암컷이야."

누나는 메뚜기를 손에 올려놓고 자세히 설명해 주었습니다.

"누나, 몸길이의 10배나 뛴다고 했지?"

"그래."

"얼마나 멀리 뛸까?"

달봉이가 고개를 갸우뚱했습니다. 셈을 얼른 할 수가 없었습니다.

"달봉이의 키만큼 뛸걸. 80센티미터나 뛰니까."

달봉이의 입이 벌어졌습니다.

"요 조그만 게 그렇게 멀리 뛰어! 실력이 대단한데."

"메뚜기는 다리의 힘이 세기 때문에 멀리 뛰는 거야. 한꺼번에 2개의 다리로 움직이면서 말이야. 이 뒷다리는 몸무게의 8배나 미는 힘을 낼 수 있어."

"누나, 뒷다리를 붙잡을 때 디딜방아를 찧는 것은 앞으로 빠져 나가려고 뒷다리를 자꾸 밀기 때문에 그런가 보지."
누나가 웃으면서 고개를 끄덕였습니다.
"누나, 그러면 메뚜기가 곤충들의 올림픽에 나가면 뜀뛰기에선 금메달감이겠다."
누나는 또 고개를 끄덕였습니다.
"누나, 은메달감은 어느 것이야?"
달봉이는 너무나 궁금했습니다.
"귀뚜라미지."
"귀뚜라미도 그렇게 잘 뛰어?"
"그럼."
달봉이도 귀뚜라미는 압니다. 언젠가 가을에 집 뜰에서 우는 것을 붙잡아 본 적이 있습니다.
"얼마나 멀리 뛰어?"
"아마 60센티미터는 뛸 거야."
"동메달감은?"
"바르셀로나 올림픽 대회 때 양궁에서

금메달, 은메달을 우리 나라 선수가 땄지?"
"응. 금메달에 조윤정 선수, 은메달에 김수녕 선수!"
"그래, 동메달은 메뚜기 식구란다. 아기 메뚜기이지. 갓 깨어난 아기메뚜기의

실력도 아주 뛰어나단다. 약 50센티미터나 뛰니까 동메달은 아기 메뚜기한테로 돌아가겠지."
"역시 메뚜기네는 육상 선수 집안이네."
달봉이는 하얀 이를 내보이면서 깔깔 웃었습니다.

"4등은 셋이나 된단다."
"4등이 어떻게 셋이나 돼. 하나이겠지."
달봉이가 말했습니다.
"기록이 똑같으면 셋이 되는 거지. 공동 4등 말이야."
옆에 있던 마을 아이 하나가 끼여들었습니다.
"4등은 멸구, 뿔매미, 벼룩이란다. 30센티미터나 뛰니까. 벼룩은 자기 몸길이의 200배나 뛴다고 해. 사람한테 비하면 약 180센티미터 키의 어른이 300미터 정도를 뛰는 셈이지."
"누나."
"또 왜 그래?"
"5등은?"
"5등감으로는 잎벌레인데 25센티미터를 뛰지."
"6등은?"

"톡토기란다. 20센티미터나 뛰니까."

달봉이는 4등, 5등, 6등의 곤충들은 잘 몰랐습니다. 그것들이 어떻게 생겼느냐고 물었습니다. 누나는 달봉이의 볼을 다독거리며 말했습니다.

"여기서는 볼 수 없으니까 설명해 줘도 잘 모를 거야. 집에 가서 곤충 도감을 펴 놓고 이야기 해 줄게."

누나는 아이들을 데리고 마을로 발길을 옮겼습니다.

곤충의 생김새—곤충이 아닌 것

그물을 짜는 거미

그물집 짓기로는 거미가 으뜸입니다. 거미는 곤충이 아니랍니다. 왜 그럴까요?
곤충은 머리, 가슴, 배로 되어 있으며 3쌍의 다리, 1쌍의 더듬이(촉각), 2쌍의 날개로 되어 있습니다.
그러면 거미는 어떻게 생겼을까요?
거미는 가슴, 배로 되어 있으며, 가슴에는 4쌍의 긴 다리와 머리에 8개의 홑눈이

있습니다. 그리고 더듬이가 없습니다. 생김새가 곤충과 조금 다르지요. 얼핏 보면 곤충 같지만 거미는 곤충이 아니랍니다.

달봉이는 나뭇가지에 쳐 있는 거미줄을 보았습니다.

"누나, 거미가 그물을 쳤네."

"그건 거미가 사는 거미집이기도 하지만 거미가 먹이를 잡는 일터이기도 하지."

소나무 가지에 친 거미집은 둥그렇습니다.

"거미들이 치는 집 모양은 참으로 여러 가지지. 초가집, 양옥집, 빌딩 등 우리가 사는 집도 종류가 많잖아, 거미도 마찬가지야."

"어! 거미가 쪼르르 기어나온다."

달봉이가 손가락으로 거미를 가리키며 소리쳤습니다. 정말 거미가 재빠르게 그물로 나왔습니다.

"저건 호랑거미야. 저쪽 거미줄에 무엇이 걸려 있지? 저것을 잡아먹기 위해 지금 나온 거야."

호랑거미의 몸은 약간 길고 배에는 노란 띠 모양의 줄이 세 개 있는데, 호랑이 무늬와 비슷했습니다. 그래서 호랑거미라고 하는지도 모릅니다.

"이런 그물을 치는 거미로는 왕거미와 먼지거미가 있단다."

"왕거미는 어떻게 생겼어?"

"몸빛깔은 황갈색, 다리는 붉은 갈색, 등 쪽에는 검은 줄무늬가 있지. 우리 집 처마 밑에 친 그물 봤지?"

달봉이는 고개를 끄덕였습니다.

누나는 달봉이를 집으로 데리고 와서 동물 도감을 펼쳤습니다.

"이 거미집을 봐. 초승달 모양이지?"

애어리염난거미

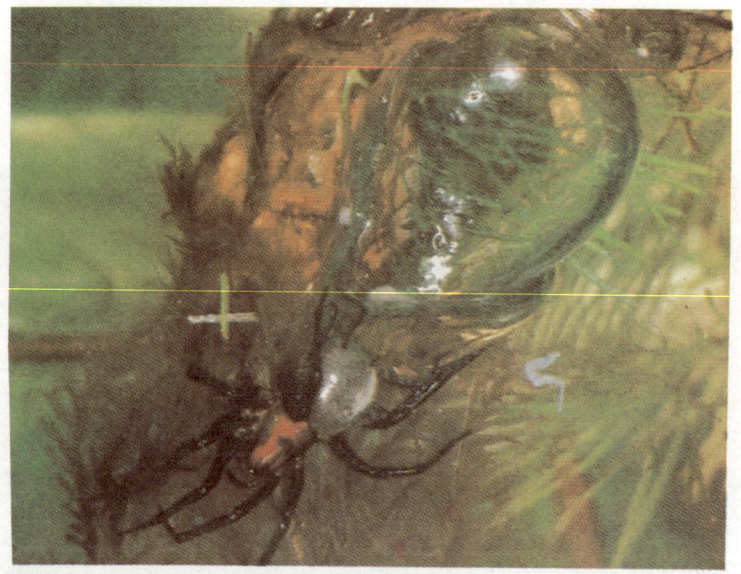
물거미

"그렇네."
"이런 집을 짓는 거미는 조각거미야."
누나는 조각거미를 가리켰습니다. 세 가닥의 세로실에 둘러싸인 그물집인데 가로실이 없었습니다. 좀 엉성해 보였습니다.
 "누나, 이건 부채처럼 생겼는데?"

"이건 부채그물집이라고 하는 거야. 삼각그물집이라고 부르기도 하지. 둥근 그물의 모습이 변한 거란다. 이런 집은 응달거미가 짓는 거야."
"누나, 이건 접시처럼 생겼는데?"
"이건 접시거미가 만든 집이야. 거미줄이 불규칙하게 펼쳐져 있지."
전체적인 생김새는 접시, 사발 모양이었습니다. 접시거미는 머리와 가슴은 갈색이고, 배는 희고, 연노랑색입니다. 뒤쪽은 검은색 가로무늬가 있습니다.
"접시거미는 산이나 들의 떨기나무에 접시 모양의 집을 짓는단다."
"누나, 이건 어떤 모양이야. 다른 거미집과 다른데?"
"이건 선반그물집이란다. 선반거미, 들풀거미가 만드는데, 담장이나 가구 사이에 그물을 친단다. 집 모양이 벽에 걸어 둔 선반 모양이라 하여 선반그물집이란다."

"누나, 이건 천막 같은데?"

"점박이꼬마거미가 만든 집이란다. 마른 나뭇잎을 말아 짓지. 집 모양이 천막(텐트) 같아서 천막그물집이라고 하지. 점박이꼬마거미는 이 천막에서 알을 낳고 여기서 알을 지킨단다."

누나는 달봉이의 팔을 끌고 밖으로 나갔습니다.

"누나! 어디 가는 거야?"

"가 보면 알아."

누나는 달봉이의 손을 잡고 연못으로 갔습니다. 누나는 연못 속의 물풀을 가지런히 하였습니다.

"여기에도 거미집이 있는데!"

달봉이가 물풀 속을 들여다보며 말했습니다.

"물 속에 사는 물거미인데 물풀 속에 집을 짓는단다. 물을 따라 흘러온 곤충이나 그 밖의 먹이가 걸리면 잡아먹지."
"여기에도 거미집이 있네, 깔때기 모양

이야."

연못가 풀숲을 뒤지던 달봉이가 말했습니다.

"그래, 들풀거미는 일단 그물을 쳐놓고

는 그 한복판에 깔때기 모양의 집을 하나 더 짓는다. 들풀거미는 이 깔때기 모양의 집에 숨어 있다가 먹이가 걸리면 뛰쳐나와 잡아먹는단다."

누나는 정말 거미에 대해 자세히도 알고 있었습니다.

"누나, 그런데 말야, 거미는 어떻게 해서 제 거미줄에 걸리지 않지?"

"거미는 몸의 표면과 다리 끝에 언제나 기름과 같은 것을 내기 때문에 끈적끈적한 제 거미줄에는 달라붙지 않아. 거미의 엉덩이에는 실을 내는 돌기가 있거든. 뱃속의 액체가 이 곳을 통해 나오면 가는 실, 즉 거미줄이 된단다. 이 실은 끈적끈적하기 때문에 곤충이 걸리기만 하면 옴쭉달싹 못 한단다."

달봉이는 거미의 살아가는 방법, 생활 모습이 그저 신비스럽기만 했습니다.

"거미는 해로운 곤충을 잡아먹으니까 거미를 보호해야지. 우리 나라에선 아침에 거미가 나타나면 복을 가져다 준다고 좋아했단다."

달봉이는 다시 거미줄에 눈을 돌렸습니다.

모여 사는 곤충

춤으로 말하는 꿀벌

 생각을 사람처럼 말로만 전달하는 것이라고 여기면 잘못된 생각입니다. 말 못 하는 벙어리도 손짓, 몸짓으로 생각을 충분히 나타냅니다.

곤충이라고 해서 저희들끼리 생각을 주고받지 않는 것은 아닙니다.
"달봉아, 이 꿀벌도 말을 한단다."
꿀벌을 돌보고 계시던 외할아버지께서 말씀하셨습니다.

꿀벌에 둘러싸인 여왕벌

"꿀벌이 말을 한다고요?"
"그래."
"사람처럼 말이에요?"
"몸짓으로 하지. 아마 방금 들어온 꿀벌이 꿀이 있는 곳을 알려 줄 게다. 조금 있으면 꿀벌들이 한 떼가 되어 뒤를 따라 갈테니 잘 봐 두렴."
"그걸 어떻게 아세요?"
"꿀벌은 꿀이 많은 곳을 발견하면 곧바로 집으로 돌아온단다. 꿀을 발견한 꿀벌이 집으로 돌아오면 다른 꿀벌이 둘러싸지."
"할아버지, 왜 그렇죠?"
"무언가 좋은 소식을 알려고 그러겠지. 그러면 꿀을 발견한 꿀벌은 꿀주머니에서 꿀 한 방울을 뱉고는 춤을 춘단다."
"어떻게요?"
"둥글게 원을 그리며 춤을 추면 꿀이

미터 앞에 있다는 걸 알아채지."
"그래도 잘 모르면 어떻게 해요?"
"그러면 자리를 옮겨 또 꿀을 뱉어 놓고 다시 춤을 춘단다. 이 때는 엉덩이춤이란다. 꿀벌들은 춤추는 벌에게서 꽃향기를 맡지. 그 꽃향기를 기억한 후에 꽃향기를 따라 꿀이 있는 꽃으로 찾아간단다."
"할아버지, 90미터 밖에 꿀이 있다면 어떻게 해요?"
"그 때는 8자를 그리며 엉덩이춤을 춘단다. 120미터 되는 곳에 꿀이 있으면 15초 사이에 8자 모양의 춤을 11번 춘단다."
"와! 신기하네요."
"꿀이 있는 곳이 1,600미터나 되는 먼 곳에 있다면 어떻게 하는지 가르쳐 줄까. 15초 사이에 8자 모양의 춤을 4번

88

춘단다."
"그러면 춤추는 횟수가 줄어드네요?"
"그렇지, 그 대신 엉덩이를 더욱 재빠르게 흔든단다. 거리가 멀면 멀수록 엉덩이를 흔드는 속도도 더 빨라지지."

외할아버지의 설명이 끝나자 꿀벌들이 무더기로 날아갔습니다.

"할아버지! 꿀을 찾아 날아가네요. 꿀이 얼마나 멀리 있을까요?"

"그걸 어떻게 아니. 꿀통 속에서 일어난 일을."

꿀벌은 춤의 속도와 엉덩이를 흔드는 정도에 따라 꿀이 있는 곳의 거리를 압니다.

"할아버지, 꿀이 있는 곳의 거리는 그렇게 알리는데 방향은 어떻게 알리는 거예요?"

"그게 퍽 궁금하지? 거리만 알고 방향을 모르면 꿀이 있는 곳을 찾아갈 수 없잖아."

"네."

"꿀벌이 8자를 그리며 춤을 추는 까닭은 꿀이 있는 곳과 집을 잇는 선의 각도를 나타내기 위해서야. 2개의 8자 고리가 겹쳐지는 부분에서 날아갈 방향의 각도가 오른쪽이면 꿀이 있는 곳은 오른쪽이야. 또 왼쪽이면 왼쪽에 꿀이 있다는 걸 나타낸단다."

방향은 8자의 두 고리가 만나는 직선의 방향과 관계가 있다고 했습니다.

"달봉아!"

"네?"

"하지만 꿀벌도 가끔 착각할 때가 있단다. 어떤 벌은 춤 이야기를 잘못 알고 엉뚱한 곳으로 가서 허탕 치는 일도 있다니 퍽 재미있는 일 아니니? 달봉이도 어떤 때는 엄마의 말을 잘못 듣고 헛심부름을 할 때가 있다면서……."

외할아버지의 말씀에 달봉이는 얼굴을 붉혔습니다.

"벌들이 다 꿀벌처럼 같은 행동으로 생각을 전달하는 것은 아니야. 사람들도 나라마다 말이 다르듯이, 그리고 또 같은 나라에서도 지방에 따라 사투리가 있는 것과 같이 벌들의 생각 전달 방법도 각각 다르단다. 이탈리아의 한 꿀벌의 종류는 9미터에서 36미터 사이에 꿀이 있다면 낫 모양의 춤을 춘단다."
"풀 베는 낫 말이에요?"
"그렇단다. 낫이 열린 쪽이 꿀이 있는 곳이란다. 36미터가 넘으면 엉덩이 춤으로 바꾼단다. 거리를 나타낼 때는 흔드는 속도를 여러 가지로 바꾼단다."
달봉이는 외할아버지의 말씀을 재미있게 들었습니다.
"꿀벌은 꿀이 있는 곳뿐만 아니라 앞으로 새로 집을 짓기에 알맞은 곳을 알려 주려고 엉덩이춤을 추기도 한단다. 그러면 여왕벌은 일벌들에게 투표를 시켜 그 뜻에 따른단다. 엉덩이춤을 가장 많

이 추는 일벌이 있다면 여왕벌은 그 일벌의 뜻을 따른단다. 그리고 일벌들이 모두 한꺼번에 엉덩이춤을 추면 집을 옮기기도 한단다. 아주 민주적이지. 여왕벌이라고 마음대로 하지 않는 벌들에게서 우리 사람들은 본을 받아야 돼."

달봉이는 협동하여 잘 사는 일벌들을 유심히 지켜 보았습니다.

물에 사는 곤충—물 위, 물 속 곤충

냇가의 비행사와 잠수부

달봉이는 대학에 다니는 외삼촌을 따라 들판에 있는 연못으로 갔습니다. 연못에는 여러 가지 물풀이 나 있었습니다.
"달봉아! 이 연못에 어떤 곤충들이 사는가 자세히 봐라."
외삼촌이 연못을 바라보며 말했습니다.
"외삼촌! 노를 젓고 다니는 놈이 있어요."

"그건 소금쟁이란다. 소금쟁이는 가늘고 긴 몸과 짧은 앞다리, 그리고 아주 긴 가운뎃다리와 뒷다리를 가지고 있단다. 앞다리는 물 위에서 먹이를 잡기 위하여, 가운뎃다리는 헤엄칠 때 물을 젖기 위하여, 뒷다리는 키를 잡기 위하여 쓰인단다."

"외삼촌! 소금쟁이가 물 위를 재빨리 미끄러지네요, 어? 물 위로 뛰어올랐다가 내려앉기도 하네요. 그런데 소금쟁이는 어떻게 해서 물에 빠지지 않지요?"

"그게 몹시 궁금한 게로구나."

"네."

"소금쟁이의 몸에는 우단같이 폭신폭신한 가느다란 털이 빽빽이 나 있기 때문에 물에 젖지 않는단다. 또 다리는 물 위의 엷은 막을 깨지 않도록 되어 있어서 물에 빠지지 않지. 그리고 마음대로 물 위를 다닐 수 있는 까닭은 발끝에 부채꼴의 털 다발이 있어서 물 위에 닿으면 튀어오르는 성질이 있기 때문이란다."
"나도 소금쟁이같이 물에서 재미있게 놀 수 있었으면 좋겠다."

물가에서 놀고 있는 소금쟁이들

"달봉아! 큰일 날 소리 하지 마라. 사람은 그렇게 될 수 없어. 소금쟁이 흉내 내다 물귀신된다, 알았지?"
"네."
"저건 뭔지 아니? 물매암이란다."
"떼를 지어 돌아다니는 거 말이에요?"
"그래, 물매암이는 비행사야."
"비행사라니요?"
"이 곳의 연못이 마르면 이 물매암이들은 다른 연못으로 날아가기 때문에 비행사라고 하지. 물매암이는 물 속에 잘 들어가는 잠수 기술도 아주 뛰어나단다. 몸의 윗부분은 물을 튀겨서 물기가 없지만, 배와 다리는 언제나 젖어 있단다."
"외삼촌! 물매암이의 재주도 뛰어나네요."
"그럼. 보통 물 위를 빠른 속도로 빙글빙글 도는데, 물 속에서도 마찬가지로 활동하지. 2쌍의 눈은 아래위로 나뉘어져 있단다. 위의 눈은 등 쪽에, 아랫눈은 배 쪽에 있는데, 물 위와 물 속을 한꺼번에 볼 수 있단다. 그래서 물에 떨어지는 여러 가지 곤충을 쉽게 잡아먹을 수 있단다."

"외삼촌! 저건 뭐예요?"

달봉이가 손가락으로 헤엄을 치는 작은 곤충 하나를 가리켰습니다.

"응, 그건 물 속에 사는 딱정벌레라고 한단다. 앞이 둥글고, 매끄러운 달걀 모양이지. 앞 모양이 물고기와 같이 생겨서 헤엄을 잘 친단다."

"외삼촌! 저건 거꾸로 헤엄치네요. 등헤엄을요."

"아, 그건 송장헤엄치개라는 거야."

"일부러 거꾸로 헤엄치는 거예요?"

"버릇이 그렇단다. 본디부터 등과 배를

거꾸로 하여 헤엄치는 이상한 곤충이란다. 털로 된 뒷다리를 노처럼 움직여 물속을 헤엄친단다. 잘 봐, 보통 때는 양쪽 다리를 한꺼번에 젓지?"
"네."

"지금 방향을 바꾸지?"
"네."
"한쪽 다리만 젓고 있지 않니? 저렇게 하는 까닭은 바로 방향을 바꾸기 위해서야."
"어! 저건 송장헤엄치개와 비슷한데요?"
"응, 그건 물진디란다. 송장헤엄치개를 바로 놓은 것 같은 모양을 하고 있지. 노를 젓는 큰 다리도 있고."
"물풀을 붙들고 움직이는데요?"
"물진디는 날개 아래에 공기가 들어 있기 때문에 가만히 있으면 저절로 떠오른단다. 그러면 물 위로 안 떠오르려고 물풀을 잡는단다. 물진디도 송장헤엄치개처럼 날 수 있어."
달봉이는 연못에서 눈을 떼지 않고 자꾸 물 속을 들여다보기만 했습니다.

"외삼촌! 또 저건 뭐예요?"
"그건 물방개란다. 뒷다리가 크지. 거기에다 털이 많이 나 있으니 헤엄도 아주 잘 친단다. 딱지날개의 가에는 노란 띠가 있고, 뱃바닥은 붉은 갈색이야. 그리고 저놈은 육식성이야. 작은 물고기, 죽은 개구리, 뱀 등을 뜯어 먹으면서 산단다. 밤중에는 등불에도 날아드는데, 손으로 잡으면 고약한 냄새가 난단다."
달봉이는 외삼촌의 말을 듣고 이 작은 연못이 마치 요술 단지처럼 느껴졌습니다.
"아! 저건 뭐예요?"
달봉이가 소리쳤습니다.
"아, 그건 톡토기란 거야. 몸의 아래쪽에 있는 빨판을 이용하여 물 위를 떠서 다니지. 톡토기는 물에서 공중으로 튀어올랐다가 다시 물 위에 내려 앉는단

썩은 풀 줄기를 먹는 물땅땅이

다."

"어! 공중으로 튀어오르네요."

달봉이는 연못의 곤충들에게 정신이 팔렸습니다.

"달봉아, 하나씩 가져가서 길러 볼래?"

"네."

외삼촌은 포충망으로 연못을 훑었습니다. 달봉이는 기뻐서 어쩔 줄 몰라했습니다.

물에 사는 곤충

물에서 떠났다가 되돌아오는 곤충

일생을 살면서 반은 물 속에서, 반은 공중에서 살아가는 곤충이 있다면 이상한 생각이 들겠지요.

그러나 곤충의 세계에는 그런 종류들이 많답니다.

잠자리는 공중을 날아다니는 신사로 이

름이 나 있지요. 그러나 처음부터 그렇게 날씬하지는 않습니다.

곤충은 알에서부터 애벌레(유충), 어른 벌레(성충)와 같은 몇 단계를 거치면서 탈바꿈을 한답니다.

잠자리는 알을 낳기 위하여 물 위의 물풀에 앉는데, 물풀 잎의 아래쪽에다 알을 낳습니다. 이 알들은 물 속에서 부화됩니다.

"외삼촌! 저 벌레의 이름은 뭐예요?"

"잠자리의 애벌레이지, 학배기라고 부르기도 한단다."

"먹이는 무얼 먹어요?"

"저놈의 먹이는 하루살이의 애벌레란다. 학배기는 자기 스스로 먹이에게 덤벼들지 않고 몸을 숨기고는 먹이인 하루살이의 애벌레가 오기를 기다린단다. 그래서 먹이가 나타나면 갈퀴로 된 아랫

입술을 사용해서 아주 쉽게 잡아먹는단다. 먹이가 적당한 거리에 오면 재빨리 낚아챈단다. 때로는 작은 물고기나 올챙이까지 잡아먹는단다."

"잠자리도 공중에 날아다니는 벌레를 잡아먹잖아요?"

"그렇지, 잠자리의 애벌레가 다 자라 날개를 달고 나오면 어른 잠자리가 되어 공중으로 날아가 살지. 잠자리의 눈이 몇 개나 되는지 아니?"

"그거야 두 개이죠."

"그렇게 보이지. 그런데 그건 겹눈이야. 한 개의 겹눈에 홑눈이 몇 개인지 아니?"

"그게 무슨 말이에요?"

"곤충의 눈은 수많은 여섯 모의 홑눈(낱눈)으로 되어 있단다. 수많은 홑눈으로 이루어진 눈을 겹눈이라 하지. 잠자리의 눈을 살펴보면 정말 크단다."

 말하는 순간 외삼촌은 포충망으로 잠자리를 낚아챘습니다. 장수잠자리가 포충망에 잡혔습니다.

 "봐라. 눈이 굉장히 크지. 이 큰 눈 하나에 작은 눈이 여러 개 모였단다. 잠자리의 두 겹눈은 2만 8천 개나 된다니 굉장하지?"

 "와! 눈이 그렇게나 많아요?"

 "곤충 가운데선 아마 가장 홑눈이 많을 걸. 잠자리의 겹눈은 6미터 앞의 것을 구별할 수 있단다. 움직이고 있는 것은 20미터 떨어진 곳에서도 볼 수 있단다. 그리고 넓은 부분도 볼 수 있지."

 "날씨가 추워지면 어떻게 되어요?"

 "다시 물로 돌아와 알을 낳고 죽지. 그래서 반은 물 속에서, 반은 공중에서 산다고 하지 않았니.

잠자리의 눈

나비를 보고 있는 잠자리의
겹눈을 확대시킨 사진

"요 조그만 게 뭐예요?"
"이건 하루살이의 애벌레란다. 비가 오려고 할 때 등불 가까이로 모이는 벌레들이 있잖아, 그게 바로 하루살이란 곤충이다. 하루밖에 못 산다고 하루살이라는 이름이 붙었지만, 조사해 본 결과 며칠 동안은 산대."
"며칠만 살고 죽어요?"
"그럼."
"참 불쌍한 곤충이네요."
"아마 이 세상에서 가장 목숨이 짧은 곤충일걸."
"그러면 하루살이의 애벌레도 하루 만에 하루살이로 자라나요?"
"아니지. 하루살이의 애벌레는 웅덩이나 논바닥에서 2년 동안 자라다가 어른 하루살이가 되는 거야."
"외삼촌, 하루살이는 몸집이 이렇게 작

잖아요? 날개도 작고. 하루살이도 어쨌든 생물이니까 무언가 먹고 살 텐데 그 먹이는 무엇인가요?"
"달봉아, 이 하루살이를 자세히 보렴."
하루살이의 날개는 아주 얇고, 다리는 걸을 수 없을 정도로 약하게 보였습니다.
"하루살이가 오래 살 수 없는 이유 중의 하나가 먹이를 먹을 수가 없다는 거야."
"먹이를 먹을 수 없다니요?"
"먹이를 먹을 입이 없다는 말인가요?"
"그래 맞았어."
"그러면 먹이를 못 먹어서 며칠밖에 못 살아요?"
"그래."
"그럼 이 많은 알은 어떻게 낳아요?"
"죽기 전에 짝짓기 비행을 한단다. 초저녁 무렵 물 위에서 이루어지는데, 알을 물 위에 낳은 다음에는 너울너울 물속으로 가라앉아 버린단다. 그래서 짝짓기 비행을 한 이튿날 아침에 물가에 가 보면 하루살이의 시체가 수없이 흩어져 있는 것을 볼 수 있단다."
"알은 이내 부화돼요?"

"그렇지, 알 하나하나에는 가느다란 실이 얽혀 있고, 그것은 물에 닿자마자 금방 풀어진단다. 그래서 금방 또다시 애벌레가 된단다."
"외삼촌, 여기 좀 보세요. 붉은 실처럼 가늘고 하늘하늘 물 속에서 움직이는 이 작은 것들은 뭐죠?"

"응, 그게 바로 모기의 애벌레야. 장구벌레라고 하지."

"모기의 애벌레라고요? 그러면 이 장구벌레는 죽여야 되겠네요? 모기는 우리 사람에게는 해로운 거잖아요. 여름철에 우리 몸을 물어서 따끔따끔 아프게 하고, 병도 옮기니까 말예요."

"그렇게 하면 좋지."

"어떻게 하면 죽일 수 있어요?"

"이 장구벌레를 없애려면 장구벌레가 많이 있는 물에다 석유를 뿌리면 한꺼번에 모두 죽일 수 있단다."

"그거 참 신기하네요?"

"장구벌레는 숨쉬는 관을 물 위로 내놓고 있거든. 석유가 물 위로 뜨면 숨관으로 숨을 못 쉬니까 죽을 수밖에 없지."

"외삼촌! 그러면 여기 웅덩이에다 석유를 뿌려요."

"예끼 이놈, 빈대 잡으려다 초가 삼간 다 태운다는 말 못 들었니? 모기 애벌레인 장구벌레를 잡으려다 다른 곤충까지 죽게 되잖아."

"아하, 하나만 알고 둘은 몰랐네. 밉지만 죽일 수도 없고……."

달봉이는 장구벌레를 없애는 방법을 곰곰이 생각하기 시작했습니다.

장구벌레

낮과 밤

밤의 천국

　사람은 낮에 활동합니다. 짐승이나 새들도 대체로 낮에 활동합니다. 그런데 밤에만 활동하는 동물들이 있습니다. 이런 동물들을 야행성 동물이라 합니다.
　밤에 활동하는 새를 말해 볼까요?
　밤에 활동하는 대표적인 새로는 올빼미가 있습니다.
　올빼미는 해가 지고 어두워지면 나들이

올빼미의 눈

를 합니다. 우리가 올빼미를 잘 볼 수 없는 이유도 올빼미가 캄캄한 밤에만 활동하기 때문입니다.

올빼미는 양쪽 눈에 빛을 모으는 커다란 힘을 가졌습니다.

사람들은 어두운 밤길을 잘 걷는 이에게는 올빼미의 눈을 가졌다고 농담삼아 이야기했습니다.

"할아버지, 올빼미의 눈은 쌍안경처럼 생겼네요?"

달봉이가 조류 도감을 펴들고 할아버지를 바라보며 말했습니다.

"글쎄. 사람이 볼 수 있는 빛의 백분의 일 정도로도 물체를 구별해 낼 수 있으니 그렇게 말해도 되지."

"할아버지?"

"왜?"

"삼촌은 밤에만 나가 일하는데도 눈은 올빼미 같지 않던데요?"

"예끼 이놈! 삼촌은 올빼미가 아니야. 잠시 아르바이트를 하고 있을 뿐이야."

달봉이 삼촌은 스스로 학비를 벌기 위해 아르바이트를 합니다. 낮에는 공부하고 밤에는 일터에 나가 열심히 일하기 때문에 달봉이는 삼촌을 올빼미라고 부릅니다.

"올빼미는 캄캄한 숲 속에서도 움직이는 들쥐를 정확하게 그 위치를 알아맞히고 잡는단다."

"할아버지, 그러면 밤에 다니는 조그만 동물들은 올빼미의 먹이가 될까 봐 마음이 불안하겠네요."

"그렇고말고. 올빼미는 먹이를 발견하면 재빨리 돌진해서 날카로운 발톱으로 꽉 움켜 잡는단다. 겨울 방학 때 외갓집에 가서 올빼미 소리를 들어 보아라."

"올빼미 우는 소리가 어떤데요?"

"12월부터 다음해 5월까지 우는데, 즉 '우 - 우-', 또는 '우후후후후-' 하고 운단다."

"올 겨울에는 꼭 올빼미 소리를 들어야 겠네요."

소쩍새

 달봉이는 밤에만 나다니는 새가 또 없는지 궁금했습니다.
 "소쩍새도 밤에만 나다니는데, 올빼미보다 작은 새란다. 온몸에는 갈색 세로 줄 무늬가 있는데, 울 때는 '소쩍 소쩍' 운단다."
 "왜 '솥적다'고 울어요?"

"글쎄다. 옛날부터 내려오는 전설에 '소쩍' 하고 울면 흉년이 든다 하고, '솥적다' 하고 울면 '솥이 적으니 큰 솥을 준비하라'는 뜻으로 풍년이 든다고 했단다. 소쩍새는 두견이라고도 하는 철새인데, 우리 나라에는 4월에 날아 온단다."

"그 밖에 또 어떤 새가 있나요?"
"부엉이가 있지. 이 부엉이는 눈이 크고 다리는 굵단다. 가운뎃발가락의 발톱은 빗모양을 닮았지. 낮에 활동하는 것도 간혹 있지만 대체로 밤에만 나다닌단다."
"부엉이 소리는 어떻게 들려요?"
"부엉 부엉 하지. 그리고 또 밤에 다니는 새로는 박쥐가 있단다."
"쥐라니요, 할아버지. 쥐가 어떻게 날아다녀요?"
"사실 박쥐는 새도 아니고, 쥐도 아니란다. 새끼를 낳고 젖을 먹이고 날아다니는 젖먹이동물(포유동물)이란다."
"별난 짐승이네요. 새처럼 알을 낳지 않으면서도 날아다니고, 새끼를 낳다니……."
"그것보다 더 신기한 것이 있단다."

"그게 뭐예요?"
"박쥐의 눈은 장님과 같다는 거란다."
"그러면 캄캄한 밤중에 마음대로 날 수 없잖아요?"
"박쥐의 눈은 시력이 아주 약하단다. 그래서 희미한 빛을 겨우 볼 수 있을 정도란다. 그러나 박쥐가 날아다니는 건 눈으로 보고 날아다니는 게 아니야. 귀로 물체를 본다고 해야 옳지."
"귀로 어떻게 보아요?"
달봉이는 의문이 생겼습니다. 귀로 본다는 건 믿을 수 없었습니다.
"박쥐는 밤에 사냥을 나가서 먹이가 되는 곤충이 있는 곳을 알아 내기 위하여 높은 가락의 소리를 낸단다. 이 높은 가락의 소리를 '초음파'라고 해. 사람들의 귀로는 이 초음파 소리를 들을 수 없지."

"와! 사람보다 훨씬 뛰어나네요?"
"그런 면에서는 뛰어나지. 박쥐는 제 소리가 되돌아오는 것을 매우 빨리 알아차린단다. 박쥐가 15센티미터 앞을 날고 있는 먹이를 알아내는 데는 백분의 일초도 걸리지 않으니까 말이야. 참으로 눈깜짝할 사이에 알아내니 신기하지. 그러니 박쥐는 귀가 아주 발달되었다고 할 수가 있지 않니."

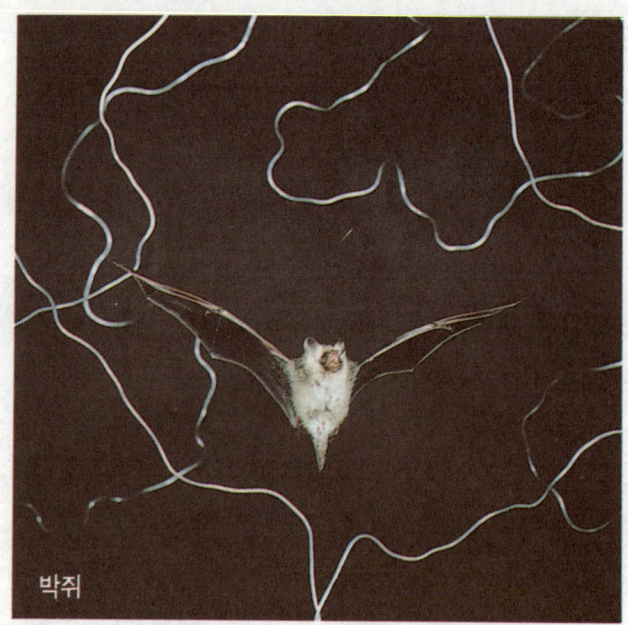

박쥐

　박쥐는 이와 같이 초음파를 이용해 아무리 캄캄한 밤이라도 물체가 있는 거리를 정확히 알아낸다고 합니다.
　참으로 신비하고도 흥미로운 박쥐의 귀이지요?

밤하늘의 은하수

칠석날의 눈물

달봉이는 외갓집 마당에 모깃불을 피워 놓고 밤하늘을 쳐다보았습니다. 시골의 밤하늘은 참으로 맑았습니다. 별들이 쌀알을 뿌린 듯 총총 박혀 있습니다.

머리 위로 큰 강줄기 같은 것이 하얗게 이어져 있었습니다.

"외할머니, 저 허옇게 이어진 게 뭐지요?"

"은하수라 한단다. 은빛 나는 강과 같다 하여 은하수라 부르지."
"정말 강이 있나요?"
"내가 그걸 어떻게 아니? 하늘에 올라가 보지 못했으니. 그런데 재미난 이야기가 있어. 들어 볼래?"
"네."
외할머니는 이야기 주머니를 털어 놓으셨습니다.
"은하수 양쪽에 반짝이는 별이 있지?"
외할머니가 손가락으로 가리켰습니다.
"네, 보여요."
"왼쪽은 견우성, 오른쪽은 직녀성이라 부른다. 견우성은 독수리자리라 하고 직녀성은 거문고자리라 하지. 이 두 별은 먼 옛날 은하수를 사이에 두고 사랑을 했단다. 은하수에는 다리가 없어서 만날 수가 없었어."

"외할머니, 그러면 어떻게 해요?"
"그래서 이 소식을 듣고 해마다 칠석날이 되면 땅에 있는 까마귀와 까치가 하늘로 올라가 몸과 몸을 잇대어 은하수에 다리를 놓는단다. 이 다리를 까마귀와

까치가 놓은 다리라고 하여 오작교라 하는데, 견우와 직녀는 오작교를 건너 1년에 한 번씩만 만난단다. 그 날이 언제인지 아니?"
달봉이는 대답을 못했습니다.

"음력으로 7월 7일, 바로 오늘이 견우와 직녀가 만나는 칠월 칠석날이잖아요."
옆에 있던 외사촌 누나가 말했습니다.
"그러면 지금쯤 견우와 직녀가 만날지도 모르겠네."
달봉이는 밤하늘을 쳐다보았습니다.
"초저녁인데 아직 까마귀, 까치가 다리를 다 놓았겠니? 어쩌면 다 놓아 가는지 모르지. 견우와 직녀는 새벽 닭이 울고 동쪽 하늘이 밝아 오면 다시 이별을 해야 된단다."
"할머니! 영원히 함께 살 수 있도록 할 수는 없나요."
"하느님이 그렇게 하지 못하도록 엄명했으니 할 수 없겠지."
"왜 그랬어요?"
"약속을 어긴 죄란다. 그래서 1년에 한 번밖에 못 만나지. 직녀는 또다시 1년을 기다리며 베를 짜야 하고, 견우는 밭을 갈면서 기다려야 한단다."
"에이, 하느님도 너무 하시다."
달봉이가 투덜거렸습니다.
"그렇지만 어떻게 하니? 견우와 직녀는 헤어지는 게 슬퍼서 눈물을 흘린단다. 그 눈물이 비가 되어 내려오지. 내일 아침에 일어나 봐. 견우와 직녀가 흘린 눈물이 비가 되어 땅을 적셨을 거야."
"할머니, 전 자지 않고 견우와 직녀의 눈물을 볼래요."
"아이고, 그 때까지 안 잔다고. 잠꾸러기가 잠을 안 자고 새벽까지 있겠다니, 호호호……."
외사촌 누나가 놀렸습니다.
"내일 아침에 일어나면 또 볼 게 있단다. 까마귀와 까치의 머리에 털이 다 빠져서 빨갛게 되었는지 말이다."
"정말이에요? 왜 그래요?"
"견우와 직녀가 머리를 밟고 다녀서 털이 다 빠져 버린 거란다."
"그래도 까마귀와 까치는 좋은 일을 했군요. 내일 까마귀와 까치의 머리를 봐야겠네요."

"왜 자지 않고 기다렸다가 견우와 직녀가 흘리는 눈물도 보고 날이 밝거든 까마귀와 까치의 머리를 보면 될 게 아니겠니?"
외사촌 누나는 자꾸 놀려대기만 했습니다.
"우리 달봉이에게 그러면 못 쓴다. 삶은 감자와 옥수수나 빨리 가져오너라."
외할머니께서 외사촌 누나에게 말씀하셨습니다.
"깜박 잊었네. 이야기에 빠져 감자 익는 것도 모르다니."
외사촌 누나가 부엌으로 들어갔습니다. 밤하늘에는 별들이 무엇을 속삭이는지 깜박이고 있었습니다.

북쪽 하늘의 별

나그네의 길잡이별

"할머니, 북쪽 하늘에 별들이 많네요."
 달봉이는 저녁을 먹고 마당의 평상에 앉았습니다. 모깃불을 피워도 모기가 자꾸 앵앵거렸습니다. 그래서 모기향을 옆에다 피웠습니다.
 "그래, 북쪽 하늘의 별이 더 많게 보이지."
 "달봉아! 국자 모양의 일곱 개 별을 찾아 봐."

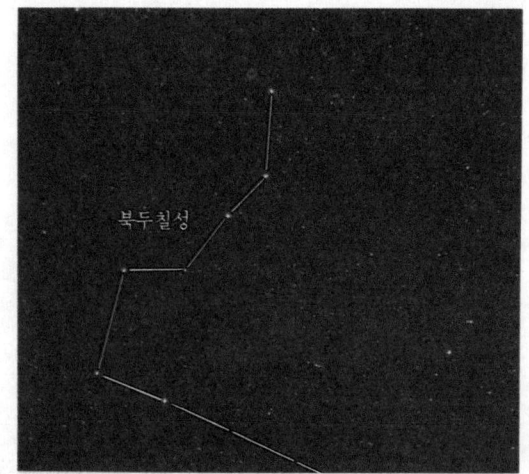
북두칠성

외사촌 누나가 말했습니다.
"일곱 개 별? 별이 저렇게 많은데 어떤 일곱 개의 별을 말하는 거야."
외사촌 누나가 달봉이의 손을 붙잡고 하늘의 별을 가리켰습니다.
"응, 자세히 보니 일곱 개의 별이 더 빛나네."
"그게 북두 칠성이란다. 큰곰자리라고도 하고."
"누나! 북두 칠성이 이제 보니 제자리에 있지 않은데? 조금씩 자리를 움직여. 아까보다 국자 모양이 달라졌어.”
“응. 북두 칠성은 시간이 지나면 자리를 옮겨. 조금 있다가 다시 봐. 어떻게 자리가 바뀌었는지.”
“왜 그래, 누나? 별이 가만히 있지 않고.”
“지구가 돌기 때문이야. 마치 별이 도는 것처럼 보일 뿐이야.”
“지구가 도는 것 같지 않은데? 지구가 돌면 어지러울 거 아냐?”
달봉이는 자꾸만 궁금해졌습니다.
“낮이 되고 밤이 되는 것도 지구가 태양을 중심으로 돌기 때문이야. 상급반에 올라가면 배울 테니까 그 때 가서 자세히 알면 돼.”
외사촌 누나는 퉁명스럽게 말했습니다.
“미리 좀 알겠다는데 우리 달봉이에게 그렇게 면박을 주면 어떻게 하니?”

외할머니께서 외사촌 누나를 보고 꾸짖으셨습니다.

"봐! 누나는 먼저 배웠다고 뽐내는데 나도 크면 이런 것 다 알 수 있어."

달봉이도 큰소리쳤습니다.

"애야, 달봉이에게 자세히 가르쳐 줘라."

외할머니께서 재촉하셨습니다.

"그럼 더 가르쳐 주지. 움직이지 않는 별이 있단다."

"그게 어디 있는데."

"저 국자 끝을 봐. 끝에서 주욱 훑어나가면 별 한 개가 반짝이지."

달봉이는 한참이나 살폈습니다.

"아직 못 찾았어?"

"응, 찾았다. 저쪽 끝에 별 말이야."

"그래, 그걸 북극성이라 한단다. 이 북극성은 하늘의 북극에 늘 그 자리에 있지. 지구는 북극을 축으로 하여 돌기 때문에 늘 그 자리에 있는 거란다."

"누나! 그러면 북극성은 늘 북쪽을 가리키겠네."

"그렇지. 옛날 우리 나라 사람들이나 중국 사람들은 바다를 항해하거나 길을 가다가 길을 잃으면 이 북극성을 보고 방향을 잡았단다. 북극성이 잘 안 보이면 북두 칠성을 보고 북쪽을 알아 냈지."

"누나! 그러면 비 오는 날이나 구름이 낀 날은 어떻게 북쪽을 알았어?"

외사촌 누나는 그 말에 얼른 대답을 하지 못했습니다.

"배웠다는 애가 그것도 얼른 대답을 못해?"

외할머니께서 핀잔을 주셨습니다.

"나침반을 보고 알았지 뭐."

외사촌 누나가 가까스로 대답했습니다.

"나침반이 뭐야?"

"자석의 침으로 방향을 알려 주는 거야. 자석에 대해서는 배웠잖아. 자석은 쇳가루를 끌어당기는 성질이 있다는 것도 배웠을 텐데."

달봉이는 그렇다고 대답했습니다.

"이걸 옛날에는 지남철 또는 지남차라고 했단다. 약 천 년 전에 중국에서 만들어졌으니 얼마나 오래 되었니?"

"누나, 그러면 천 년 전에는 비 오는 날이나 구름낀 날 밤에는 방향을 어떻게 알았어?"

"애는 점점 어려운 것만 묻니? 그런 날에는 아예 밖에 나가지 않으면 될 거 아냐? 뭐하려고 쏘다녀."

외사촌 누나는 짜증을 내며 말을 했습니다.

"그래도 다닐 일이 있으면 어떻게 해?"

"할 수 없지. 그냥 다니는 거지."
"방향을 잃어 엉뚱한 데로 가면 큰일 나잖아?"
"그걸 내가 알게 뭐람."
외사촌 누나는 벌떡 일어나더니 삶은 옥수수와 감자를 가져왔습니다.
"이거나 먹고 꼬치꼬치 캐묻지 마. 사내

가 계집애처럼 그렇게 시시콜콜히 묻니?"

"과학자가 되려면 우리 달봉이같이 되어야지."

평상에서 달봉이와 외사촌 누나가 주고받는 이야기를 들으신 외할아버지께서 말씀하셨습니다.

"외할아버지, 북두 칠성이 저쪽으로 돌아앉았어요."

달봉이가 손으로 하늘을 가리키면서 말했습니다.

"이제 밤이 깊었나 보다. 북극성이나 북두 칠성은 나그네의 길잡이별로 우리에겐 아주 친근한 별이란다. 지금도 그렇지만."

외할아버지께서 마당으로 나오시면서 말씀하셨습니다. 달봉이는 감자를 한 입 물고 북쪽의 밤하늘을 쳐다보았습니다.

날씨-안개

아침 안개는 맑은 날씨

새별이는 아침 일찍 일어났습니다. 오늘이 소풍날이기 때문입니다. 새별이는 일어나자마자 창문부터 열었습니다.

"어!"

새별이 입에서 작은 비명 소리가 새어 나왔습니다. 앞이 보이지 않을 정도로 안개가 자욱하게 끼었기 때문입니다.

새별이는 할아버지한테로 급히 갔습니다.

"할아버지, 안개가 끼어서 어떻게 해요. 오늘이 소풍날인데요."

"그래, 그거 잘 되었구나. 소풍 가서 먹을 걸 집에서 먹으면 되지. 그것도 온 가족이 함께."

"싫어. 친구들과 함께 먹어야 돼요. 맛있는 거 싸 가지고 가서 나눠 먹기로 했는데요."

새별이는 발을 동동 굴렀습니다.

"그럼, 맑게 개라고 빌어라."

할머니도 새별이를 놀리려고 말참견을 했습니다.

새별이는 밖으로 나가 보았습니다. 짙은 안개가 마치 보슬비처럼 내렸습니다. 새별이는 걱정이 되었습니다. 걱정스런 얼굴로 다시 방으로 들어왔습니다. 비가 주룩주룩 내리면 큰일이라고 생각했습니다.

"오늘 오전 8시에 김포 공항에 내리려던 비행기가 짙은 안개 때문에 되돌아가 김해 비행장에 내리게 되었습니다."

그 때 텔레비전에서 아침 뉴스가 흘러 나왔습니다. 안개 때문에 소풍을 망친다고 생각하니 은근히 속이 상했습니다.

"너무 걱정하지 마라."

할아버지가 빙그레 웃으면서 말씀하셨습니다.

"좋은 수가 있어요, 할아버지?"

새별이는 눈을 크게 뜨고 할아버지를 바라보았습니다.

"오늘 날씨가 맑게 개도록 부탁하여 보마."

"누구한테요?"

"조금만 기다려. 방에 들어갔다 올 테니."

할아버지는 정말 날씨가 맑게 해 달라고 부탁하는지도 모릅니다.

전화를 거는 소리가 들렸습니다. 새별이는 몹시 궁금했습니다.

"됐다, 걱정 마라. 너희들이 학교에서 출발

할 때쯤이면 안개가 걷힐 것이다."

"야, 좋아라."

새별이는 깡충깡충 뛰며 좋아했습니다.

그런데 이상했습니다. 할아버지가 누구에게 부탁했기에 안개가 걷히고 날씨가 맑아진다고 했을까. 새별이는 궁금했습니다.

"할아버지, 누구한테 부탁하셨어요?"

"하늘에다 부탁했지."

"……."

"왜, 거짓말 같으니?"

새별이는 할아버지의 말이 곧이들리지 않았습니다.

"네 할아버지는 허풍선이다. 하늘이 어떻게 말을 알아들어, 안개가 끼는 날은 날씨가 맑은 법이야."

"저런저런……."

할아버지는 할머니의 말을 막으려 하였습니다.

"영감, 내 말이 틀려요? 그건 옛날부터 내려오는 말이에요."

"새별이를 놀려 주려고 했더니 틀렸군."

할아버지는 헛기침을 하면서 방으로 들어가셨습니다.

할머니는 안개에 대해서 알기 쉽게 새별이에게 설명을 해 주셨습니다.

"안개란 작은 물방울이 공중에 떠 있는 것이란다."

"그런데 어떻게 날씨가 맑아져요. 하루 종일 안개가 걷히지 않으면 또 어떻게 해요."

"고기압 아래서는 높은 하늘은 맑고 차가운 공기로 되어 있지. 그래서 땅에서 올라가는 수증기가 공중으로 증발할 때 높은 하늘로 올라가지 못하고 갑자기 식게 돼. 이 식은 수증기를 머금은 공기는 땅 위를 낮게 떠다니게 된단다. 그것이 안개야."

"그런데 어떻게 안개가 걷히게 되지요?"

안개

"해가 떠오르고 기온이 높아지면 안개는 저절로 사라진단다."
할머니의 말에 새별이는 고개를 갸웃거리기만 했습니다.
"학교 늦을라, 얼른 가라. 안개는 사람들이

모여 사는 주택가나 모래사장 같은 데서부터 먼저 걷히고 강이나 호수, 숲이 우거진 산에서는 오래 떠다니지."

"할머니, 오늘 소풍은 한강가로 가는데 안개가 걷히려면 오래 걸리겠네요?"

할머니는 새별이의 말에 고개를 끄덕였습니다. 새별이는 안개가 늦게 걷혀도 좋다고 생각했습니다. 날씨가 맑게 갠다니 그게 좋을 뿐이었습니다.

새별이는 맛있는 도시락과 과자가 담긴 가방을 메고 학교로 달려갔습니다. 할아버지 말씀대로 정말 안개가 서서히 걷히기 시작했습니다.

날씨-동물들의 행동

청개구리의 울음

청개구리가 '개굴개굴' 웁니다. 정원의 살구나무 가지에서 우는 듯합니다.
"청개구리가 우는 걸 보니 비가 오겠구나."
할머니가 어깨를 두드리면서 말했습니다.
"할머니, 비가 오면 청개구리는 저희 엄마 무덤이 떠내려갈까 봐 걱정이 되어서 우는 거지요."
새별이가 할머니의 다리를 주무르면서 말

했습니다.

"그놈, 아는 것도 많네."

"히히, 할머니가 이야기해 주셨잖아요. 청개구리가 우는 까닭을……."

"그랬었나?"

할머니는 새별이를 힐끗 쳐다보며 웃었습니다.

새별이는 할머니에게서 청개구리의 이야기를 들었습니다.

옛날에 청개구리들은 어머니의 말을 지독히도 듣지 않았습니다. 어머니가 시키는 것은 무엇이든 반대로 행동했습니다.

산에 갔다 오라면 냇가에 갔다 올 정도로 말썽을 부렸습니다. 청개구리 어머니가 병이 들어 죽게 되었습니다. 청개구리 어머니는 곰곰이 생각해 보았습니다. 아들 청개구리들의 행동을 너무도 잘 알았기 때문에 죽거든 무덤을 냇가에 만들어 달라고 소원했습니다. 그 까닭은 산에 묻어 달라 하면 냇가에 묻어 줄 것 같아서입니다. 아들 청개구리들은 언제나 반대로만 행동했기 때문입니다.

아들 청개구리들은 어머니가 죽자 살아 계실 때 말썽을 피웠던 것을 후회했습니다.

그래서 아들 청개구리 형제들은 의논을 하였습니다. 마지막 어머니의 유언은 바른대로

지키자고 했습니다. 지금까지 불효한 것을 뉘우치고 한 번만이라도 어머니 말씀대로 해야겠다고 굳게 마음먹었습니다.

청개구리 형제들은 어머니 무덤을 냇가에 정성스럽게 만들었습니다. 그런데 비가 오자 어머니의 무덤가까지 빗물이 넘쳐 흘러들어 왔습니다. 금방이라도 무덤이 떠내려 갈 것만 같았습니다. 그 때부터 비가 오면 청개구리들은 어머니 무덤이 떠내려갈까 봐 걱정이 되어 운다고 합니다.

새별이는 유치원 시절에 할머니에게서 들은 청개구리 이야기를 기억해 내고 이렇게 말한 것입니다.

"청개구리가 울면 비가 온다?"

신문을 읽고 계시던 아버지께서 새별이를 쳐다보며 빙긋 웃으셨습니다. 그리고는 청개구리에 관한 이야기를 들려 주셨습니다.

청개구리는 몸에 물기가 없으면 잘 견디지

못합니다. 그래서 물기나 습기가 많은 수풀 속에서 산다고 합니다.

비가 오기 직전에는 날씨는 공기 속에 습기가 많아 후텁지근합니다. 왜냐 하면 공기가 습기를 많이 머금고 있기 때문입니다. 공기가 축축하게 되지요.

이런 날씨가 청개구리들에게는 가장 살기 좋은 때입니다.

공기가 습기를 많이 머금고 있기 때문에 청개구리의 살갗도 알맞게 축축해집니다. 그래서 이런 날에는 땅 속에 있던 청개구리들이 힘차게 밖으로 나옵니다. 그리고 나뭇가지에 올라가 개굴개굴 신나게 노래를 부르는 것입니다.

"할머니의 이야기는 전해 오는 이야기이고, 아버지의 이야기는 과학적인 이야기이군."

"그래도 할머니의 이야기가 더 재미있는

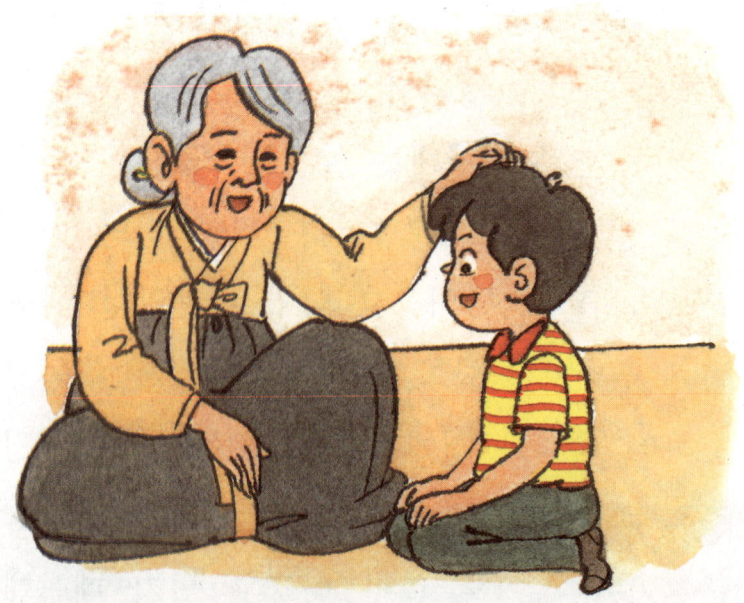

데, 할머니 이야기가 정말인지도 몰라. 봐, 저 울음소리는 노랫소리가 아니야. 걱정이 되어 우는 소리야."

새별이가 누나의 말을 막고 우겼습니다.

"할머니의 말씀도, 아버지의 말씀도 다 맞다. 어쨌거나 청개구리가 울면 비가 온다는 말은 맞는 거 아니니?"

어머니는 웃었습니다.

"옛날 사람들의 지혜를 본받아야지. 동물

의 행동을 보고 날씨를 점쳤으니까."

할머니가 새별이의 머리를 쓰다듬어 주면서 말했습니다.

"할머니의 말씀이 맞다. 강과 호수 밑바닥에 사는 메기, 미꾸라지가 물 위로 올라왔다 내려갔다 하면 비가 온다고 한단다. 그것은 물고기의 부레가 비 오는 날씨, 즉 저기압을 미리 알아 그런 행동을 한다는 거야. 청개구리도 말하자면 비가 오리라는 것을 알고 그런 것이지."

아버지는 머리를 잘 쓰면 생활을 편리하게 할 수 있다고 했습니다.

그렇습니다.

우리들이 눈여겨보지 않던 것들을 우리의 조상들은 자연에서 눈여겨보고 자연과 더불어 슬기롭게 살아왔습니다.

우리들도 무엇이든 눈여겨보는 버릇을 길러야 하겠습니다.

공생-서로 돕고사는 생물

이웃 사촌

　오이 덩굴에 진딧물이 많이 붙어 있습니다. 사람들은 그 진딧물을 없애기 위해서 약을 뿌리지요.
　그런데 이 식물의 진을 빨아먹는 진딧물을 보호해 주고 돌봐 주며, 또 먹이가 있는 곳으로 옮겨다 주는 친절한 이웃 사촌이 있다는 것을 알고 있습니까?
　진딧물이 있는 곳을 유심히 살펴보세요.

그 곳에는 분명히 개미들도 분주히 오가고 있을 겁니다.

'진딧물을 잡아먹으려고 개미들이 몰려 오고 있겠지 뭘.'

이렇게 대수롭지 않게 생각하는 사람들도 있을 겁니다. 하지만 자세히 개미들의 움직임을 살펴보세요.

개미는 절대로 진딧물을 잡아먹지 않을 테니까요.

"개미가 진딧물을 입에 물고 다니는데도요?"

이렇게 묻는 사람도 있을 겁니다. 아마 개미의 밥이 진딧물이라고 잘못 생각한 때문이겠지요. 진딧물이 배설하는 물을 개미가 먹기 때문입니다.

하지만 개미의 먹이는 진딧물이 아니라, 진딧물이 배설하는 물이랍니다. 진딧물은 그 물을 개미에게 줌으로써 개미의 보호를 받고 있지요. 참으로 정다운 이웃 사촌이라 할 수 있습니다. 이렇게 서로 주고받으며 살아가는 것을 '공생'이라고 합니다.

사람도 이들 곤충처럼 서로 도와 가며 살아간다면 얼마나 평화로운 세상이 될까요. 전쟁 같은 것은 있을 수도 없겠지요.

"누나, 정다운 이웃 사촌으로 살아가는 또 다른 곤충이나 동물들은 없을까?"

아버지의 설명을 듣던 새별이가 누나에게 불쑥 한 마디 했습니다.

"누나가 뭘 아니, 아버지가 덧붙여 설명을 해 주지."

아버지가 동물 세계의 정다운 이웃 사촌들에 대해 자세히 설명하였습니다.

바다에 사는 말미잘은 집게가 쓰고 있는 껍데기에 붙어서 옮겨 다니며, 집게는 말미잘을 이용해서 자신을 숨긴다고 합니다.

악어와 악어새도 아주 정다운 이웃 사촌입

말미잘과 소라집게의 공생

니다. 악어새는 악어의 이빨에 붙어 있는 찌꺼기를 빼내 먹으며 삽니다. 악어는 이 악어새를 잡아먹지 않습니다. 왜 그럴까요?

악어의 이빨을 청소해 주는 고마운 악어새를 어떻게 잡아먹을 수 있겠어요. 만일 악어새를 잡아먹는다면 악어는 은혜를 모르는 동물이겠지요.

이 밖에도 동물 세계의 정다운 이웃 사촌은 아주 많습니다.

곤충들의 소리

숲 속의 가수들

새별이는 여치를 잡으러 뒷산으로 올라갔습니다. 숲 속에서 여치가 '찌르르 찌르르' 노래를 하고 있습니다.

새별이는 여치를 잡으려고 풀 숲을 뒤지기 시작했습니다. 좀처럼 여치를 잡을 수가 없었습니다.

여치는 매우 예민한 곤충입니다. 찌르륵,

소리를 내어 노래하다가도 사람이 근처에 오는 소리가 나면 노래를 뚝, 그칩니다. 여치의 몸 빛깔이 풀잎과 같아서 여치를 찾아 내기란 쉽지가 않습니다.

새별이는 여치의 노랫소리가 들려 오던 풀숲 가까이로 가서 가만히 서 있었습니다.

'누가 이기나 겨루어 보자. 내가 지쳐서 돌아갈지 아니면 네가 끝까지 노래를 참을 수 있을지. 아마 노래하지 않고는 못 견딜걸.'

새별이는 이렇게 생각하며 끈덕지게 기다렸습니다. 시간이 얼마나 지났는지 모릅니다. 여치가 드디어 노래를 부르기 시작했습니다.

새별이는 눈을 동그랗게 뜨고 노랫소리가 들리는 곳을 유심히 살폈습니다.

'옳지, 여기 있구나.'

새별이는 손을 살며시 뻗어 풀 숲으로 넣었습니다. 그리고는 재빨리 여치를 잡았습니다. 여치는 잡히지 않으려고 몸부림을 쳤습니다. 순간 여치가 새별이의 손가락을 물었습니다.

"아야!"

새별이가 비명을 질렀습니다. 여치는 제법 아프게 물었습니다. 새별이는 얼른 여치를 곤충통에 넣었습니다.

그 때 참나무에서 매미가 '매암매암' 하고 노래했습니다. 새별이의 발걸음이 살금살금 향

하더니 이내 포충망으로 매미를 잡았습니다.

또, 산을 내려오는 길에 메뚜기도 잡았습니다. 새별이가 여치와 매미, 메뚜기를 잡아 온 걸 보고 식구들이 한 마디씩 했습니다.

"우리 집 식구가 제법 늘어나겠는데."

누나가 쌩긋이 웃었습니다.

"그걸 어디다 키우려고 그러니?"

어머니도 한 마디 했습니다. 그러나 모두 새별이의 마음을 몰랐습니다.

"아버지, 이 곤충들이 어떻게 소리를 내는지 그게 궁금해서 잡아 왔어요. 아무래도 사람처럼 입으로 소리내지 않을 것 같아서요."

새별이가 이렇게 말하면서 먼저 여치부터 내밀었습니다.

"내가 갑자기 곤충 박사가 된 기분이군."

아버지는 새별이를 힐끔 보고는 여치를 살피기 시작했습니다.

"아버지, 조심하세요. 여치가 물면 굉장히 아파요."

"알았다. 아버지도 어릴 때 여치에게 물려 봤지. 보통 놈이 아니란 걸 알아."

아버지는 2장의 앞 날개를 펴 보였습니다.

"여치의 소리는 여기서 난단다."

"그럼 앞 날개가 소리를 내는 거예요?"

"그렇단다."

"그런데 지금은 소리가 안 나네요."

"그야, 가만 있으니까 그렇지. 이 앞 날개를 비벼서 소리를 내는 거야."

새별이는 고개를 끄덕였습니다.

"여치는 지칠 줄 모르는 음악가란다. 여름 내내 날개를 5천만 번이나 비벼댄다는구나 대단하지?"

"와!"

새별이의 입이 함지박만큼 벌어졌습니다. 날개를 엄청나게 많이 비벼댄다는 사실이 놀

라웠습니다.

"이 매미는 몸 안에 소리를 내는 기관이 있단다. 그리고 매미 뱃속은 대부분 비어 있기 때문에 소리가 잘 울리게 되어 있어. 그뿐이 아냐. 뱃속에 1쌍의 큰 고막이 있는데, 이것을 울리면 소리가 크게 난단다."

"여치와는 다르군요. 배에서 소리가 나니까요."

새별이는 매미의 배를 살펴봤습니다.

"매미는 수컷만 소리를 낼 수 있어. 암컷은 벙어리야. 이렇게 뱃속에 고막이 있는 것은 수컷이지. 귀뚜라미와 메뚜기도 수컷만이 노래한단다."

새별이는 아버지의 설명에 넋을 잃은 듯 아무 말도 못했습니다.

"메뚜기도 귀뚜라미와 마찬가지로 앞 날개를 비벼서 소리를 내지. 귀뚜라미는 날개를 좌우로 비벼서 소리를 내지만 메뚜기는

양 옆의 뒷다리를 번갈아 올렸다 내렸다 하면서 앞 날개를 문지르는 거야. 그래서 소리가 나는 거란다."

"그럼, 이 숲 속의 가수들 노래를 감상해 봐야지."

새별이는 잡아 온 곤충들을 유리 상자에 따로따로 넣었습니다.

모기의 입

모기의 독침

"앗, 따가워."

갑자기 초롱이가 제 다리를 탁, 쳤습니다. 마룻바닥에 죽은 모기 한 마리가 떨어졌습니다.

"요놈이 내 피를 빨아 먹다니."

초롱이는 모기를 사정없이 죽였습니다. 모기향을 피우지 않았더니 오늘 저녁에는 모기가 더 극성이었습니다.

"모기향을 피우라고 했는데 괜찮다고 우기더니 잘 되었다."

할머니가 핀잔을 주었습니다.

"할머니, 뇌염에 걸리면 어떻게 해요?"

초롱이가 걱정스런 얼굴로 말했습니다.

"미리 걱정할 것 없다. 뇌염 모기가 아닐지도 모르잖아."

"뇌염 모기가 따로 있어요?"

"그럼. 뇌염을 옮기고 다니는 모기는 따로 있구말구."

"할머니, 뇌염 모기가 아니면 좋겠는데요?"

초롱이는 은근히 걱정이 되었습니다. 할머니가 가려운 데 바르는 약을 가져왔습니다.

"할머니, 모기에게 물린 곳이 자꾸만 가려워요."

초롱이는 얼굴을 찌푸리며 엄살을 부렸습니다.

"이 약을 바르면 괜찮을 거다."

할머니는 약을 초롱이의 팔에 발라 주었습니다. 모기에게 물리면 참으로 가렵습니다.

모기는 사람이나 동물의 피를 잘도 빨아 먹습니다.

"초롱아, 피를 빨아 먹는 놈은 암컷이라는 걸 아니?"

초롱이의 눈이 휘둥그래졌습니다.

"수컷 모기나 암컷 모기가 다 빨아 먹는 게 아니구요?"

"그래. 암컷 모기란다. 알을 낳는 암컷 모기 말이야."

"그럼, 수컷 모기는 뭘 먹어요?"

"수컷 모기는 썩은 과일의 즙이나 꽃에서 꿀을 빨아 먹고 살지."

"별놈의 모기가 다 있군요."

초롱이는 어이없다는 듯 혼자말로 투덜거렸습니다.

초롱이는 모기에게 물린 곳을 자꾸 긁었습

니다. 아마 몹시 가려운 모양입니다.

  모기는 피를 빨 때는 뾰족한 침을 핏속에 넣습니다. 이 모기의 침 속에는 가려움을 느끼게 하는 독이 들어 있습니다. 이 독 때문에 살갗이 붓고 가려움을 느끼는 것입니다.

  모기의 입은 피를 빨아 먹기 좋도록 생겼습니다. 2개의 굵은 빨대와 5개의 가는 침으로 되어 있습니다.

  모기가 빨대를 이용해 빨아들인 피는 모기의 창자로 들어가 알을 기르는 양분으로 쓰입니다.

  집 안에 들어와 사람을 물고 괴롭히는 모기는 집모기이고, 들에 사는 모기는 대부분 풀모기입니다.

  집모기의 활동 시간은 저녁부터 밤중까지입니다. 날이 어두워지면 낮 동안 숨어 있던 집모기들이 피를 빨아 영양을 섭취하려고 활동을 시작합니다.

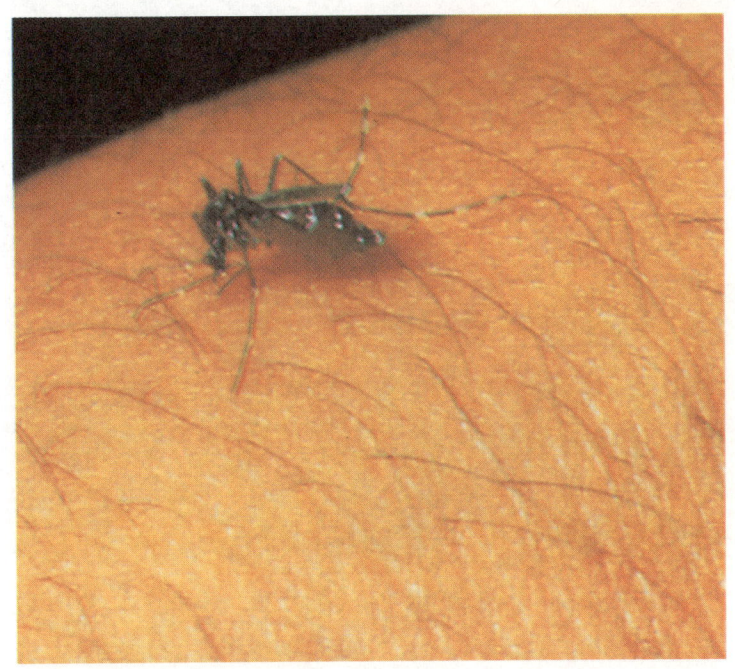
피를 빨아 먹고 있는 모기

집모기는 사람뿐만 아니라 소, 돼지 따위의 가축의 피도 빨아 먹습니다.

일본 뇌염모기는 뇌염을 옮기는 아주 무서운 해충입니다. 그래서 어린 아이들은 특히 조심을 해야 합니다.

"할머니, 모기가 물 때는 왜 아프지 않다가 물고 난 뒤에 따끔할까요?"

초롱이는 모기에게 물린 곳을 또 긁으면서 물었습니다.

"모기의 침 속에는 마취약과 같이 신경을 둔하게 만드는 물질이 섞여 있어서 아픔을 느끼지 못하는 거야."

초롱이가 모기향을 피웠습니다. 모기향을 피우면 모기가 모여들지도 않고 또 모기가 죽기도 합니다. 왜 그럴까요?

모기향엔 '피레트린'이라는 물질이 있습니다. 이것이 모기를 죽게 하는 독입니다.

이 피레트린은 연기를 타고 공기 속을 떠돕니다. 피레트린이 섞인 공기를 모기가 숨구멍으로 빨아들이면 모기의 몸 속으로 들어가서 모기의 신경과 근육을 못 쓰게 만드는 것입니다.

그러니까 모기향을 피우면 일단 모기에게 물릴 염려는 없지요. 모기와 싸워야 되는 여름밤은 참으로 견디기 어렵지요.

인지생략
판권본사소유

개미들의 뽀뽀

2판 1쇄 발행 | 2002년 6월 30일
2판 4쇄 발행 | 2009년 5월 15일

지은이 | 권태문
그린이 | 윤승호
펴낸이 | 조병서
펴낸곳 | 도서출판 글사랑

서울시 마포구 구수동 68-8 진영빌딩 4층
TEL (02)3274-0187
FAX (031)908-8595
출판 등록 1987년 12월 1일 (제8-34호)

✽ 잘못된 책은 바꿔 드립니다.
✽ 책값은 뒤표지에 있습니다.
ⓒ 글사랑, 2002, Printed in Korea
 ISBN 89-7028-189-4